Nieves Aquino López

APULEYO EDICIONES   FOMENTO DE VALORES   CUENTOS ILUSTRADOS

Zoe y la naturaleza

APULEYO EDICIONES · FOMENTO DE VALORES · CUENTOS ILUSTRADOS

Zoe, en realidad, es mi vecinita, vive con su familia, al lado mía y yo quisiera agradecerles que me hayan enseñado a ver una nueva forma de vida diferente como es la suya.

Érase una vez una preciosa niña llamada Zoe.
Su pelo era largo y se mecía con el viento.
Vivía en una casa rodeada de naturaleza,
con sus padres.

Le gustaba sentir el aire en su cuerpo
y la tierra en sus pies.

El sol la despertaba por la mañana
con un guiño y acostada en la luna se dormía.

Apreciaba cada cosa que la naturaleza le brindaba. Comía los frutos recogidos de la tierra y esta se lo agradecía haciéndolos florecer para ella.

Su risa sonaba como un cascabel,
saltaba por en medio del campo.
La felicidad era su lema.

Tenía dos patos, dos conejos y un gato,
con los cuales compartía su vida.

Amaba la naturaleza y la naturaleza,
cada día, se lo agradecía tostando su piel,
dándole frutos para poder comer.

Todo esto parecía como un amor recíproco, maravilloso.
La naturaleza le pertenece y ella pertenece a la naturaleza.

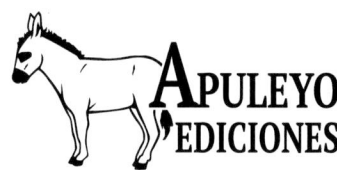

© Nieves Aquino López (de la obra)
©Apuleyo Ediciones (de esta edición)
Primera edición en Apuleyo Ediciones: agosto 2024
Diseño de cubierta: Sofía Corzo González
Corrección: Aitor Andreu Guerrero
Maquetación: Domingo Carrasco Martín
Ilustraciones: Angie Alzate
Coordinación editorial: Isidoro Cidre González
info@apuleyoediciones.com
www.apuleyoediciones.com
ISBN: 978-84-1060-190-1
Depósito legal: H 155-2024

Hecho e impreso en España.